TABES

ET

EAUX MINÉRALES

ÉTUDE COMPARÉE DE THÉRAPEUTIQUE THERMALE

PAR

Le Dr A. BELUGOU

Chevalier de la Légion d'honneur, Officier de l'Instruction publique
Lauréat de l'Académie Nationale de Médecine (*Prix Capuron 1879*)
Membre des Sociétés d'hydrologie de Paris, de Madrid, d'Odessa, etc.

PARIS

SOCIÉTÉ D'ÉDITIONS SCIENTIFIQUES

4, RUE ANTOINE-DUBOIS, 4

1897

DU MÊME AUTEUR

Rapports du pouls et de la température dans les maladies aiguës, grand in-8° de 220 pages. Paris, 1874. (*Mémoire récompensé par la Société de Médecine de Paris*, médaille d'or.)

Etude sur les paraplégies rhumatismales. Paris, 1878.

Les eaux minérales, l'hydrothérapie et les bains de mer pendant la grossesse. (*Mémoire couronné par l'Académie*, Prix Capuron, 1879.)

Le traitement de l'ataxie locomotrice à Lamalou. Paris, 1879.

Notes sur le traitement des maladies de la moëlle. Paris, 1881.

Traitement thermal des névralgies. Paris, Baillière et fils, 1882.

Traitement thermal des névroses. Paris, Baillière et fils, 1884.

Les causes de l'ataxie locomotrice. Paris, *Progrès médical*, 1886.

Des effets de la cure de Lamalou sur les symptômes initiaux du tabes. Paris, Asselin, 1890.

Traitement thermal des maladies du système nerveux. — Exposé des indications et des contre-indications relatives à Lamalou. (*Archives Générales d'Hydrologie*, 1893, IV, 57.)

Lamalou et les maladies du système nerveux. Montpellier, Hamelin, 1894.

Un chapitre de thérapeutique du tabes : Traitement mécanique de l'ataxie. Paris, Asselin et Houzeau, 1896.

PUBLICATIONS DES ARCHIVES GÉNÉRALES D'HYDROLOGIE

TABES

ET

EAUX MINÉRALES

ÉTUDE COMPARÉE DE THÉRAPEUTIQUE THERMALE

PAR

Le Dr A. BELUGOU

Chevalier de la Légion d'honneur, Officier de l'Instruction publique
Lauréat de l'Académie Nationale de Médecine (*Prix Capuron 1879*)
Membre des Sociétés d'hydrologie de Paris, de Madrid, d'Odessa, etc.

PARIS

SOCIÉTÉ D'ÉDITIONS SCIENTIFIQUES

4, RUE ANTOINE-DUBOIS, 4

1897

TABES

ET

EAUX MINÉRALES

ÉTUDE COMPARÉE DE THÉRAPEUTIQUE THERMALE

PAR

Le Docteur A. BELUGOU (*de Lamalou*).

I

Progrès de la neuropathologie. — Le tabés n'est pas fatalement incurable. — Prédominance justifiée des cures hydrominérales dans le traitement de cette affection. — Justification de cette faveur. — Lacunes de la science hydrologique. — La sélection thermale et ses procédés habituels. — L'objet de cette étude est de préciser les indications différentielles des sources les plus habituellement employées contre le tabés.

La suggestion d'une formule consacrée n'est pas moins tenace en médecine que dans les autres branches de l'esprit humain. C'est ainsi que, malgré les transformations progressives de la neuropathologie, malgré les modifications quotidiennes de la thérapeutique, l'arrêt pessimiste de Romberg est resté comme la loi définitive, *ne varietur*, du pronostic du tabés. Cette formule absolue doit-elle donc décourager d'avance toute initiative, stériliser toute recherche et tout progrès ? Nous ne pouvons le croire. Nous affirmons, au contraire, que la science médicale a le droit, aujourd'hui, d'en appeler d'une condamnation aussi générale. Ne sait-on pas combien, depuis Romberg a été approfondie l'étude des formes et des modes de début du tabés ? Et qui peut mettre en doute que la précocité du diagnostic soit éminemment favorable à l'opportunité de l'intervention médicale ? Ne convient-il pas aussi de tenir compte des cas de pseudo-tabés et des polynévrites, dont le rôle pathogénique s'accroît tous les jours et dont la curabilité est de moins en moins contestable ?

Le médecin n'est donc pas fatalement désarmé en face de l'ataxie locomotrice. Il peut lutter, souvent avec quelque espoir de succès ; et, parmi les moyens qui semblent jusqu'ici lui apporter dans cette lutte l'aide la plus efficace, il faut mettre au premier rang l'emploi judicieux des eaux minérales.

Le traitement thermal a toujours été vivement préconisé par les cliniciens de tous les pays. Récemment encore le professeur Leyden écrivait : « Si nous ne donnons pas la balnéothérapie comme une thérapeutique spécifique capable de faire rétrocéder le processus tabétique, nous lui reconnaissons pourtant l'influence la plus marquée. Aujourd'hui comme il y a trente ans, nous envoyons nos tabétiques, avec la même confiance, aux thermes anciennement éprouvés (1). » En dépit des médications nombreuses et fort diverses qui ont été essayées, les unes et les autres, avec des alternatives successives de faveur et d'abandon, cette opinion est restée celle des cliniciens les plus célèbres, des neuropathologistes les plus experts, comme elle avait été celle de Duchenne de Boulogne, de Trousseau, de Hardy, de Charcot, de Dujardin-Beaumetz, de Combal, pour ne citer que les morts. Et ce qui prouve combien est justifiée, par la pratique, cette confiance dans les cures thermales, c'est que rien n'a pu l'ébranler : ni la vogue des remèdes nouveaux de la série aromatique ; ni l'engouement des procédés mécaniques spéciaux, tels que l'élongation des nerfs, la suspension, l'orthopédie médullaire, et même les méthodes plus rationnelles de la gym-

---

(1) Leyden. *Le traitement du tabés.* Leçon reproduite par l'*Union médicale*, juin 1892.

nastique compensatrice ; ni les prétendues merveilles des injections de liquides organiques ou de sérums artificiels. Les remèdes nouveaux s'éliminent peu à peu des formulaires, l'élongation des nerfs est oubliée, la suspension est délaissée, les liquides organiques sont progressivement abandonnés, tandis que s'accroît tous les jours le crédit qu'une longue expérience a déjà attribué aux cures hydrominérales.

Malheureusement, la science hydrologique est encore pleine d'incertitudes, surtout en ce qui concerne la différenciation rationnelle des diverses stations prônées contre des affections identiques, leur spécialisation méthodique suivant les cas, leur appropriation spéciale aux différentes formes de la même maladie.

La décision du médecin, quand elle n'est pas simplement tributaire de la mode ou de considérations extra-médicales, dépend plutôt de son expérience subjective que de règles thérapeutiques précises qui, à part de rares essais (1), n'ont encore été nulle part formulées.

Or, il y a déjà longtemps que Gubler l'a dit : « Le choix de l'eau minérale la mieux appropriée à chaque cas pathologique constitue l'un des problèmes les plus difficiles qu'il soit donné au praticien de résoudre. » A ce point de vue, on peut affirmer que le principe de la spécialisation, si fécond en médecine thermale, n'a pas été poussé assez loin, au moins dans l'application. Il convient de spécialiser, non seulement les maladies, mais encore les formes de ces maladies qui conviennent le mieux à chaque station.

C'est une tendance déplorable des stations hydrominérales de vouloir toujours étendre le champ de leur action. La vraie doctrine, la seule scientifique, la seule rationnelle, c'est, au contraire, de limiter de plus en plus l'application des eaux aux cas qui leur conviennent plus

(1) Le Dr Labat, le Dr de Ranse, le Dr Caulet, le Dr J. Grasset ont fait dans cette voie d'intéressantes et utiles tentatives, qui méritent d'être signalées.

strictement. Examinons comment se sont établis, comment doivent s'établir les vraies spécialisations thermales. Dans une première phase, la tradition, l'expérience de longues années, font connaître l'heureuse influence de certaines eaux sur certaines maladies. Il y a là d'abord comme une première sélection; selection toute empirique, importée peu à peu par les praticiens étrangers à la cité balnéaire, et établie traditionnellement par la pratique successive de générations médicales. C'est ainsi que Duchenne de Boulogne, visitant Lamalou au moment même où il allait donner sa description magistrale de l'ataxie, reconnut à leur démarche et signala successivement une série de neuf à dix ataxiques, qui n'avaient certes pas été envoyés sous l'étiquette d'une affection non encore classée.

Puis, s'édifie sur place une deuxième sélection, celle-ci déduite de l'observation scientifique du médecin des eaux, et dont le résultat, qu'il a pour mission de répandre au dehors, sera d'établir, dans ces maladies déjà spécialisées à certaines sources, les formes, le degré, les causes, les symptômes, qui doivent leur être plus particulièrement réservés, ou qu'il vaut mieux, au contraire, éliminer de leur champ d'action.

Ainsi, après ces deux épreuves successives, ne subsisteront que les indications positives et formelles.

Du même coup, comme il n'y a pas deux stations qui se ressemblent absolument et qui soient à proprement parler équivalentes, se trouvera forcément écarté l'esprit fâcheux de concurrence et de propagande intéressée qui discrédite trop encore la médecine hydrologique.

A la place de cette méthode, seule légitime et scientifique, que peut-on constater tous les jours ? Un procédé absolument contraire. Des auteurs, des médecins, prétendent conclure de certaines ressemblances de composition entre plusieurs sources, à une complète identité d'action, et, cette identité, il l'affirment à priori, par une déduction de cabinet ou de bibliothèque, sans aucune consécration de l'expérience, à plus forte raison sans que l'observation méthodique du temps n'ait laissé filtrer en quelque sorte que la quintessence de l'indication thérapeutique.

Aussi découvrons-nous trop fréquemment, en des écrits d'une apparence scientifique parfaite et d'une conviction incontestée, le sophisme suivant, si antimédical : L'expérience et l'observation ont attribué à telle source, la source X, la cure de telle maladie.

Or, la source Y, dont nous faisons l'étude, contient dans sa composition des principes identiques à ceux de la source X. La source Y a donc sur cette maladie une action équivalente à celle constatée à la source X.

Il n'est nul besoin d'être grand clerc en hydrologie médicale pour comprendre combien peuvent être décevantes ces simili-cures et trompeuse cette thérapeutique-imitation.

C'est pour réagir, dans les limites de nos forces et de notre compétence, contre cette fâcheuse tendance, qui tend à se développer tous les jours, que nous avons entrepris cette étude, avec le désir de remédier, pour l'ataxie locomotrice, aux lacunes et aux erreurs que nous venons de signaler, c'est-à-dire de préciser, au moins dans leurs grandes lignes, les indications différentielles des sources dont l'expérience et l'observation ont nettement établi l'efficacité contre le tabés.

Un travail de cette nature ne peut avoir la prétention d'englober la description et l'étude comparative de toutes les sources qui réclament, peu ou prou, le traitement des affections médullaires. Il laissera résolument de côté celles de ces stations : Uriage, Aix-la-Chapelle, par exemple, où le traitement balnéaire ne représente qu'un accessoire, qu'une préparation, ou, si l'on aime mieux, un adjuvant favorable au traitement mercuriel par les frictions.

Il faut savoir se limiter. Ce travail comparatif traitera surtout des eaux françaises, et parmi celles-ci il étudiera particulièrement Néris, Balaruc, Lamalou, qui sont comme le trépied de la balnéothérapie antitabétique, et qui, à ce point de vue spécial, méritent sans conteste d'être placées au premier rang, non seulement des diverses stations de notre pays, mais aussi des sources étrangères les plus vantées contre les affections du système nerveux.

Pour les autres établissements, la plupart des indications qui résulteront de cette étude pourront leur être facilement appliquées. C'est ainsi, par exemple, que les conclusions spéciales à Lamalou peuvent convenir à Gastein : même température des sources ; effets physiologiques très analogues ; opportunité principale identique. Bath présente aussi beaucoup de ressemblance avec Lamalou. Royat également, et c'est sur cette ressemblance que le Dr Laussédat parait s'être surtout basé dans les récents mémoires qu'il a consacrés à l'action spéciale de ces thermes. Les effets de Ragatz, de Teplitz, et de la longue série des eaux thermales simples sont plutôt comparables aux résultats obtenus à Néris. Enfin, les observations formulées à propos de Balaruc s'appliquent assez justement à Bourbonne, à Wilbad, à Nauheim et aux boues de Saint-Amand.

II

Les stations thermales de Balaruc, de Néris, de Lamalou. — Leur topographie. — Leur histoire. — Leurs propriétés. — Leurs divers modes d'administration chez les tabétiques. — Examen de leur action thérapeutique particulière dans la cure de l'ataxie.

Pour entreprendre avec profit l'examen comparatif des indications et des contre-indications de Balaruc, de Néris, de Lamalou et des sources plus ou moins similaires, — de leurs succédanés, pour employer un mot de l'ancienne thérapeutique, — il est de toute évidence qu'il faut commencer par exposer les principaux caractères, les propriétés dominantes de ces stations types. Il ne saurait ici s'agir d'une description complète et générale. Tous les aperçus de cette étude doivent converger sur le traitement hydrominéral de l'ataxie locomotrice, seul en cause. C'est à ce point de vue exclusif que nous allons essayer de fixer la physionomie particulière de chacun de ces groupes balnéaires. Les ressemblances et les dissemblances seront ensuite plus facilement mises en valeur.

BALARUC

La station de Balaruc est située à l'extrémité sud de l'Hérault, sur les bords de l'étang salé de Thau, dont la vaste surface, en communication constante avec la Méditerranée, représente en réalité une portion de mer.

Le climat de cette région est d'une extrême douceur pendant le printemps et l'automne ; mais les chaleurs de l'été sont excessives. Les malades doivent absolument éviter d'effectuer leur cure pendant la période caniculaire.

L'histoire de Balaruc est ancienne : d'Aigrefeuille raconte que les étuves de Montpellier, en grande réputation, furent abandonnées quand les eaux de Balaruc prirent de l'extension, sous l'impulsion de Rondelet, le Dr Rondibilis de Rabelais. Mais cette lointaine vogue n'était elle-même qu'un retour de faveur, datant de l'époque Romaine. C'est à la fin du XVIe siècle que Balaruc atteignit le point culminant de sa prospérité. En 1578, parut l'ouvrage de Dortoman, médecin de Henri IV, sur les causes et les effets de ces eaux: De causis et effectibus aquarum Belilucanarum ; et en 1706, Chirac guérit par les eaux de Balaruc le régent de France, Philippe d'Orléans. Ces deux dates constituent l'épopée de Balaruc. Puis vint une longue période de défaveur et d'oubli, qui persiste encore, et qui semble résister au mouvement de rénovations qui entraîne actuellement l'hydrologie française.

Les eaux de Balaruc appartiennent à la classe des chlorurées sodiques fortes : eaux muriatiques chaudes. Leurs principaux caractères sont leur richesse en sel marin (7 g. 45) et leur haute thermalité ; 45° à 50°. Elles méritent bien l'ingénieuse dénomination d'eaux de mer chaudes que leur a donné Grasset.

L'aspect de l'eau est limpide et transparent. Sa saveur est salée et amère. Prise en boisson, à petite dose, elle est rapidement absorbée et stimule la nutrition. C'est cette action que Rousset appelait l'effet altérant. Fonssagrives la compare à l'influence du chlorure de sodium dans l'engraissement des chevaux. C'est, en réalité, une confirmation des règles posées par le D\ Albert Robin à propos de la médication chlorurée sodique, à savoir ; indication dans les états morbides avec diminution des échanges azotés (hypoazoturie), amoindrissement des oxydations azotées, et action d'épargne sur les tissus riches en phosphore.

A doses plus élevées, l'eau de Balaruc est laxative, purgative même, suivant la quantité, Rotureau (1) a soigneusement attiré l'attention des médecins sur la ténacité de cette action, même après la cure, et sur les diarrhées rebelles qui en sont la conséquence.

Les doses de l'eau en boisson et ses effets immédiats doivent donc être toujours attentivement surveillés. Est-il besoin d'ajouter que, chez les ataxiques, cette action perturbatrice peut devenir encore plus fâcheuse, surtout dans les cas assez fréquents de ténesme intestinal, d'incontinence anale ou de diarrhée tabétique ?

Les bains de Balaruc peuvent être pris à des températures variées. La chaleur naturelle de l'eau oscille, il est vrai, entre 45° et 50°, température évidemment trop élevée pour la balnéation. Aussi est-on obligé de laisser refroidir en réservoir une partie de l'eau des sources. C'est par l'addition de l'eau ainsi refroidie à l'eau de thermalité naturelle qu'est obtenu le mélange balnéaire. Ce

(1) Traité sur les principes des eaux minérales, 1859.

mélange peut aller de 25° à 40° suivant le cas. La baignoire est le mode de balnéation exclusivement usité.

L'action du bain est extrêmement excitante. Sous son influence, la peau rougit vivement. La stimulation des terminaisons nerveuses cutanées est assez intense pour provoquer la production des réflexes. Aussi l'administration du bain aux malades tabétiques, même dans les cas les mieux indiqués, exige-t-elle une surveillance rigoureuse, surtout en ce qui concerne la durée. Cette réserve ne s'impose pas seulement, comme on serait tenté de le croire, aux formes douloureuses, hyperesthésiques, du tabès, aux cas où prédominent l'excitabilité et la faiblesse, toutes circonstances dans lesquelles, on le verra, l'emploi des bains de Balaruc est particulièrement difficile. Elle est nécessaire chez tous les ataxiques, même les plus chroniques et les plus torpides. Chez ces derniers malades, dont Balaruc réclame particulièrement la cure, la durée de l'immersion devra souvent être réduite au minimum, et la température de l'eau ramenée au degré le plus modéré.

Les procédés de la douche, à Balaruc, sont tout à fait primitifs. Ils ne consistent plus cependant, comme encore tout récemment, à projeter sur les malades, à l'aide d'une cruche, un gros jet d'eau minérale à 50°. Néanmoins, pour être moins barbare, l'administration de la douche provoque toujours une excitation si violente, et produit des effets congestifs si fréquents, qu'on doit la bannir catégoriquement de la thérapeutique antiataxique de cette station.

Sans être aussi absolue, une réserve encore très rigoureuse doit diriger l'emploi des boues minérales, très usité à Balaruc. Ce sont des terres rapportées de l'étang et plongées dans les réservoirs que traverse l'eau thermale en sortant de son bassin de captage. Ces boues sont fortement minéralisées et provoquent une action révulsive intense. Leur application locale et limitée peut convenir sans doute aux troubles anesthésiques, assez fréquents dans le tabés ; mais leur emploi général : le bain de boue proprement dit, doit être interdit aux ataxiques.

L'eau de Balaruc s'administre encore en bains de pieds thermaux, et même en injections vésicales. Le Dr Planche prétend avoir retiré les meilleurs effets de ces injections dans les paralysies vésicales (1). C'est une indication à noter pour les parésies du sphincter vésical, qui constituent un signe vulgaire de la maladie de Duchenne.

C'est principalement par ses succès contre le symptôme « paralysie » que Balaruc a conquis sa légitime notoriété, et, pour mieux préciser encore, c'est surtout dans la cure des paralysies d'origine cérébrale que réside sa véritable, son incontestable spécialisation.

Pour le tabés, l'indication est moins nette. Le Dr Fonssagrives, il est vrai, a rendu témoignage, dans son traité de thérapeutique, de la confiance exceptionnelle qu'il avait dans ces eaux, prises en boisson, contre l'ataxie locomotrice ; mais il n'a rien formulé. Le Dr Brousse a publié, en 1882, dans le *Montpellier médical*, les observations de quelques tabétiques traités par les eaux de Balaruc. Deux de ces malades furent notablement améliorés. Les autres, au contraire, subirent une aggravation. Les deux améliorations obtenues sont attribuées par M. Brousse à l'action reconstituante des eaux sur l'ensemble de l'organisme. Quant aux aggravations, elles ont suggéré à cet auteur l'indication suivante : « Balaruc ne doit être employé dans l'ataxie locomotrice que lorsque les phénomènes douloureux sont nuls ou peu intenses. » Observation judicieuse, dont nous tirerons profit dans l'examen comparatif qui fait l'objet de ce travail.

On sait l'importance qu'acquiert, en thérapeutique thermale, la connaissance de l'état morbide fondamental qui existe sous le syndrome clinique. Or, la scrofule a toujours été traitée avec succès à Balaruc, cette eau de mer chaude. Si donc, derrière l'affection du centre nerveux,

____

(1) PLANCHE. Balaruc-les-Bains, 1886. Mémoires de l'Académie des Sciences et lettres de Montpellier.

derrière le tabes, se trouve un fond lymphatique ou scrofuleux, l'indication, de Balaruc se présentera dans sa forme la plus expressive.

Par ce court exposé préliminaire, on conçoit que les eaux de Balaruc sont des eaux puissantes, qu'il est indispensable de manier avec précaution. Tant qu'un processus actif se développe, et même tant que l'évolution progressive de la sclérose n'est pas complètement arrêtée, il faut tenir en méfiance ces sources excitantes qui peuvent faciliter l'essor d'une nouvelle poussée vers le centre médullaire.

Si, au contraire, le malade ne présente plus que les conséquences d'une lésion déjà enrayée, si tout phénomène congestif s'est éteint, surtout enfin si le tabés est invétéré, torpide, et si les phénomènes sensitifs sont au minimum, tandis que les troubles paralytiques sont accusés, et, d'autre part, si derrière les phénomènes ataxiques se trouve un fond lymphatique ou scrofuleux, alors, l'utilité de Balaruc s'affirme et se précise.

Nous justifierons plus tard et nous développerons contradictoirement les diverses formes de cette indication. Mais, qu'on ne l'oublie pas, même dans les circonstances les plus favorables, l'emploi des eaux de Balaruc exige beaucoup de prudence et de tact. Restriction qu'il faut appliquer sans réserve aux sources de Bourbonne, de Wilbad, de Nauheim, comme aux boues de Saint-Amand.

NÉRIS.

Néris est une petite ville du département de l'Allier, située non loin de Montluçon, à 355 m. d'altitude. Malgré cette élévation relative, les chaleurs caniculaires sont pénibles, et d'après Labat, l'atmosphère est alors énervante et délibitante.

Comme Balaruc, Néris a une antique et brillante origine. Egalement comme Balaruc, Néris a subi le long effacement d'une éclipse, succédant à l'éclat de sa réputation sous la domination romaine. Ce n'est qu'au commencement du siècle actuel que ces eaux ont reconquis une partie de leur ancienne faveur.

Les sources de Néris, ou puits, sont au nombre de six ; mais, en réalité, il n'existe qu'une nappe unique d'eau minérale, captée dans six points différents. Le Grand Puits alimente seul, actuellement, les établissements balnéaires. Les eaux en sont parfaitement limpides. Elles donnent, au toucher, une sensation onctueuse, due sans doute à leur richesse en matières organiques. Elles sont inodores et sans saveur marquée. Elles offrent surtout cette particularité de donner naissance, dans le réservoir, à une sorte de végétation sous-marine, de consistance gélatineuse, la *nérésine* ou conferve de Néris.

La température ds sources, au Gran d-Puits, dépasse 52° centigrades. L'abaissement de cette chaleur à un degré compatible avec la balnéation est obtenue à l'aide de bassins réfrigérants, où l'eau est amenée par une machine élévatoire, et d'où elle est conduite dans les appartements balnéaires.

L'eau minérale de Néris a été souvent analysée, et tout récemment par Willm. Elle contient, par litre, 1 g. 30 de principes fixes, dont 0,50 de bicarbonate de soude ; 0,36 de sulfate de soude, et 0,18 de chlorure de sodium. On y trouve en outre des proportions infinitésimales de lithine, d'acide carbonique libre.

En réalité, la minéralisation de cette eau est à peu près négative, impuissante, en tout cas, à expliquer son action thérapeutique. Néris est bien le type de ces sources indéterminées dont l'application ne dérive nullement de la constitution chimique : eaux thermales simples de Labat. Les thermes comprennent deux établissements : le Grand et le Petit, qui ne diffèrent que par le confort des aménagements, le Petit étant réservé à la classe indigente et aux hospitalisés. Les eaux s'administrent en boissons, pulvérisations, bains, douches et vapeurs. Les conferves sont aussi utilisées. L'eau en boisson n'est employée que pour favoriser la poussée à la peau. L'indication des pulvérisations n'a aucun rapport avec le traitement du tabés. C'est la balnéation en baignoires ou en piscines qui constitue le procédé essentiel de la cure de l'ataxie à Néris. La température du bain, grâce au système de réfrigération déjà signalé, peut varier de 30° à 40° dans les baignoires. Dans les piscines chaudes, elle atteint de 36° à 42°, suivant les heures. Dans les piscines tempérées, elles descendent de 34° à 32°. Une méthode spéciale de l'application balnéaire à Néris, c'est le bain prolongé. Elle est fréquemment formulée pour les ataxiques. Ce bain est pris dans de petites piscines, et sa durée varie de deux à huit heures.

Dans le plus grand nombre de cas, la douche est mise à contribution. L'hydrothérapie générale, il est vrai, médiocrement installée, est rarement utilisée pour les tabétiques. Mais les douches anales et rectales sont d'un emploi fréquent chez ces malades, surtout dans les cas d'atonie intestinale, de constipation opiniâtre par parésie musculaire. La douche par aquapuncture, obtenue, suivant la méthode instituée par de Laurès, par la mise en jeu de jets extrêmement ténus, peut convenir dans les cas d'anesthésie en plaques. Ce procédé spécial est couramment employé dans les névralgies. Par analogie, on peut l'essayer contre les douleurs fulgurantes du tabés ; mais avec beaucoup de mesure et en s'entourant de précautions.

L'application des conferves, très pratiquée autrefois, plutôt délaissée maintenant, s'effectue en cataplasmes, en frictions, en bain local. Elle provoque, d'après le D' de Ranse, une action stimulante qui a pu rendre des services dans certains troubles trophiques des extrémités.

L'effet balnéaire est bien différent, suivant qu'il s'agit de bains tempérés ou de bains chauds. Les bains tempérés, écrit de Laurès, amènent rapidement un sentiment de fatigue générale, coïncidant avec un abaissement sensible de la circulation. Une soif plus ou moins vive se développe ordinairement après le bain, ainsi qu'une tendance au-sommeil contre laquelle beaucoup de malades ont peine à lutter. Les bains chauds, au contraire, sont excitants. Ils provoquent rapidement l'éclosion de la crise thermale. De Laurès et de Ranse ont particulièrement signalé les phénomènes d'excitation balnéaire, fréquents à Néris, qui constituent cette crise. Ils surviennent surtout dans le second septénaire de la cure, et présentent, comme symptômes habituels, un léger degré de fièvre, de la céphalalgie, de la fatigue et de l'insomnie. De Laurès a noté qu'à ces phénomènes les plus fréquents se joignait quelquefois une véritable poussée vers la peau, avec éruption, démangeaisons et malaise général.

Chez les ataxiques, la crise thermale se traduit toujours par le retour des douleurs fulgurantes et l'exaltation des troubles viscéraux. Quelquefois, l'excitation se produit après le traitement balnéaire : crise post-thermale. Les tabétiques semblent plus particulièrement prédisposés à cette prorogation de l'action des eaux, et il n'est pas rare, plusieurs mois après le départ de Néris, de constater l'exacerbation momentanée du mal.

Néris réclame, parmi les applications les plus caractéristiques de ses sources, le traitement des maladies des centres nerveux, et notamment de l'ataxie locomotrice. C'est de Ranse qui a le mieux étudié la spécialisation Nérisienne de cette affection. Parmi les types si complexes et si variés de la maladie de Duchenne, on verra plus loin que, sans contredit, les cas où dominent les phénomènes douloureux, l'hyperesthésie, l'éréthisme, sont plus spécialement tributaires de l'action des bains de Néris.

On conçoit combien, pour cette catégorie de malades, le traitement thermal a besoin d'être ménagé. On ne doit pas oublier que la crise thermale atteint plus vivement les sensitifs, les douloureux. Il faut donc être sobre de températures élevées, interdire les bains de vapeur et d'étuves, et se complaire surtout dans l'usage de la médication tempérée. D'autre part, les symptômes tabétiques

dont Néris sollicite le traitement, sont des symptômes de
début, à diagnostic souvent difficile ou douteux. Les praticiens de Néris ont cité quelques exemples saisissants
des dangers d'un traitement balnéothérapique intempestif
dans ces circonstances délicates.

LAMALOU

Le vallon de Lamalou s'ouvre sur la vallée de l'Orb,
à l'extrémité occidentale du département de l'Hérault, au
milieu des contre-forts montagneux qui unissent les Cé-
vennes à la montagne Noire, sous un climat remarquable
par la pureté de son air et la douceur de sa température.

La station est constituée par trois établissements, qui
sont désignés, d'après leurs positions respectives : Lamalou-le-Bas, le Centre et le Haut. L'origine de ces établissements est loin de remonter à la même époque. Sans
pouvoir prétendre à l'antique origine de Balaruc et de
Néris, Lamalou-le-Bas s'énorgueillit d'avoir fondé la réputation du vallon thermal, et se dénomme volontiers Lamalou l'ancien.

Contrairement à ce qui a été signalé pour Néris et Balaruc, les divers établissements de Lamalou sont alimen-
tés par des sources de température et de composition
différentes qui représentent comme des individualités
distinctes d'une même famille, chacune avec sa physionomie propre et ses aptitudes particulières. De nombreuses buvettes, alcalines, arsenicales, ferrugineuses,
associent leur action à celle des bains. Ainsi se trouvent
naturellement réunies deux médications qu'on essaye artificiellement de combiner dans les autres stations de
médullaires.

L'analyse chimique des eaux de Lamalou a été faite
par de nombreux savants, notamment par Moitessier en
1863 et Willm en 1880. Les principes dominants de leur
minéralisation sont les bicarbonates de soude, de magné-

sie et de fer. On y constate aussi la présence de l'arséniate de soude et de cuivre, de la chaux, potasse, lithine, manganèse, strontiane, etc. La température des eaux offre ce caractère exceptionnel d'atteindre naturellement, sans le dépasser, le degré le plus convenable à la balnéation. Comme l'a exprimé le D' Donné, elles sont thermales juste au point utile.

Aussi sont-elles employées à leur chaleur native, sans qu'il soit nécessaire de les refroidir, comme à Balaruc, ou, comme à Néris, de les mélanger dans des bassins spéciaux.

Vue dans la piscine, les sources de Lamalou ont un aspect louche et jaunâtre qui disparaît aussitôt qu'on les examine sous un petit volume. Cette nuance ocreuse ne tarde pas à revêtir les parois des bassins, et à teinter les peignoirs d'une couleur caractéristique. L'eau mouille peu la peau, comme à Gastein. Elle provoque des picotements et des démangeaisons assez vives. Elle est même irritante, car elle avive les écorchures et les plaies.

Comme effet physiologique immédiat, elle augmente fortement l'activité circulatoire, surtout sur les organes du bassin. Elle provoque de l'excitation génitale.

A Lamalou comme à Néris, il importe de distinguer l'action primitive et l'action secondaire de la balnéation.

Chez presque tous les ataxiques, l'influence du traitement se manifeste au début par une exaspération des troubles de la sensibilité qui justifie pleinement le nom de période d'excitation. Mais cette poussée thermale est passagère et disparaît presque toujours avant la fin de la cure.

Toutes les indications précédentes sont communes aux trois groupes de Lamalou ; mais cette apparence d'identité n'exclut pas de sérieuses différences, dont le rôle est important vis-à-vis de la cure du tabès. Il convient donc, après avoir formulé les ressemblances, de spécifier les dissemblances des trois établissements.

A Lamalou-le-Bas, le plus fréquenté par les médullaires, la température évolue de 31° à 38° pour les bains, suivant les piscines. La somme des sels dissous dans l'eau est égale à 2,1269, et les bicarbonates alcalins y sont en moyenne proportion. Le Centre est plus ferrugineux, à température moins élevée, avec une somme de sels dissous plus minime. Le Haut offre une température de 27° à 30°, avec une proportion plus considérable d'acide carbonique. La somme des sels dissous y est de 1,4625.

La diversité des moyens thérapeutiques est grande à Lamalou. Elle a pour principal élément cette dissemblance, qui vient d'être signalée, des trois groupes de la station. Elle dépend aussi de la multiplicité des procédés balnéothérapiques dont elle est naturellement dotée et dont elle a été artificiellement pourvue : piscines, baignoires, buvettes, appareils hydrothérapiques, bains et douches d'acide carbonique, galerie d'émergence des sources thermales ou étuves naturelles, etc.

Quelle est l'importance du rôle attribué à chacun de ces procédés dans le traitement du tabès ? Sans aucun doute, c'est la balnéation qui constitue à Lamalou le principal moyen de traitement de l'ataxie, et surtout la balnéation par les piscines. L'expérience accentue tous les jours cette prédominance.

Le groupement des trois établissements qui constituent Lamalou est une grande ressource pour la cure d'une maladie aussi complexe que le tabès. Il y a là comme une gamme hydrologique, comme un clavier dont chaque touche à sa tonalité propre, que le médecin peut faire résonner à propos. J'ai établi pour les nombreuses sources des trois Lamalou une classification très simple qui est devenue la règle du vallon thermal. Elle sépare les eaux en deux groupes; le premier, d'une température plus élevée, d'une alcalinité plus concentrée ; c'est le groupe des sources chaudes. Le second, d'une chaleur et d'une alcalinité moindres : c'est le groupe tempéré. Ainsi le vœu de Duchenoy trouve à Lamalou sa réalisation « qu'il serait à désirer que les eaux tempérées fussent à côté des chaudes, les faibles à côté des fortes, pour les varier et les approprier à toutes les circonstances, à la nature des symptômes, au tempérament des malades ».

Les douches ne représentent à Lamalou, dans le traitement du tabés, qu'un rôle très secondaire. Deux méthodes sont employées de préférence ; la douche en pluie très fine, très divisée et d'une température modérée ; et l'association d'une douche brisée périspinale avec une douche chaude sur les pieds.

De nombreuses buvettes contribuent à la richesse hydrominérale du vallon. Elles représentent un auxiliaire de la médication balnéaire assez généralement mis à profit par les ataxiques de Lamalou. Pour ne citer que les plus usitées, *La Vernière* et *le Petit Vichy* sont digestives et diurétiques ; la première, en outre, légèrement purgative ; l'*Usclade* agit activement sur les fonctions de l'estomac et de la vessie, si souvent troublées dans le tabes ; *Capus*, ferrugineuse à un haut degré, et arsenicale, combat avec succès les troubles de l'anémie. *La Mine, Bourges, La Nouvelle, la Souveraine*, également ferrugineuses à des degrés divers, ont une influence du même ordre, mais plus ou moins atténuée et appropriée aux susceptibilités digestives de chaque malade. Voilà, esquissées en traits rapides, les indications caractéristiques des principales buvettes.

Elles peuvent être classées en deux groupes. L'un est doué de vertus reconstituantes. On sait combien l'anémie est fréquemment associée aux manifestations tabétiques, ainsi que la débilitation produite par le surmenage, la fatigue, les excès. Le remontement de l'état général est alors la condition expresse du succès.

L'autre groupe est particulièrement indiqué chez les malades prédisposés aux congestions sanguines. Il peut efficacement combattre certains troubles viscéraux, la dyspepsie gastro-intestinale et la gastralgie, si fréquente chez les médullaires, et la paralysie vésicale, si commune dans le tabés.

Les affections chroniques de la moelle constituent l'indication la plus vantée de Lamalou. Mais la spécialité la plus accusée de cette station a trait au tabés. De tout temps, les ataxiques ont été envoyés à Lamalou. C'est un fait digne de remarque que cet envoi empirique, précédant de longtemps l'étude précise et scientifique des maladies des centres nerveux, et remontant à une époque où il ne pouvait être basé sur d'autres données que celles de la tradition et de l'observation. Nous avons déjà signalé la surprise de Duchenne de Boulogne, à l'aspect d'une réunion d'ataxiques à Lamalou, avant l'apparition de la magistrale étude qui sortait du chaos cette maladie nouvelle.

Quelle que soit l'origine de cette réputation traditionnelle, elle s'est progressivement étendue, généralisée, et le nom de Lamalou est inséparable, dans l'esprit du praticien, de celui du tabés. Le Pr Grasset écrivait récemment encore : « Lamalou paraît avoir, dans le tabés, la plus grande valeur », et le Dr Labat, à la suite d'une étude faite sur place, résumait ainsi son impression devant la Société d'hydrologie médicale : « Arrivé à Lamalou incrédule j'en suis revenu croyant. Dans la période initiale, certains faits autorisent à espérer la guérison ; dans la période d'état, l'amélioration est la règle... Devant ce mal, en face duquel tous les moyens sont venus échouer, Lamalou s'ouvre comme une porte de salut à laquelle il faut frapper en temps opportun. »

La réunion dans le même vallon des sources tempérées et chaudes des trois établissements de Lamalou permet d'attaquer, avec un égal succès, et simultanément, les troubles les plus divers de l'ataxie locomotrice, ceux de la sensibilité comme ceux de la motilité par exemple. On en verra le témoignage dans la seconde partie de cette étude.

Au point de vue étiologique, les eaux de Lamalou sont surtout indiquées dans le tabés d'origine rhumatismale, et dans le tabés consécutif à la fatigue, à l'épuisement, aux excès. Les ataxiques anémiés et à constitution appauvrie semblent en retirer les effets les plus rapides et les plus nets.

III

Etude comparée de Lamalou, Balaruc et Néris, et de leurs similaires, au point de vue de la thérapeutique thermale du tabés. — Trois sources principales d'indications différentielles : 1° Elément pathogénique, diathésique ou constitutionnel : 2° Elément symptomatique ; 3° Complications concomitantes. — Exposé et classement des indications et contre-indications particulières à chaque station. — Le roulement thermal appliqué à la cure du tabés. — Conclusions et aphorismes.

Le rapide exposé dans lequel viennent d'être dessinées par grandes lignes, avec seulement leurs traits les plus caractéristiques, les stations françaises qui occupent le premier rang dans la thérapeutique thermale du tabés, va donner plus de sûreté et de clarté à la recherche comparée de leurs indications différentielles. La tâche, pour être ainsi rendue plus aisée, n'en reste pas moins encore remplie de difficultés et d'écueils. Mais aussi quelle tentative intéressante et quel résultat utile que de permettre au praticien de prescrire à bon escient dans une matière aussi complexe, et de restreindre l'application d'un remède, jusqu'alors empirique et banal, aux seuls cas où il convient le mieux !

Non pas qu'on puisse espérer découvrir toujours la formule simple et précise qui permettrait de dire : Pour tel cas, Lamalou. Pour cet autre Néris ; et Balaruc, pour ce troisième. — Non ; car, si dans de trop rares circonstances, tous les éléments constitutifs de l'état morbide semblent désigner une source thermale parfaitement déterminée, le plus souvent, au contraire, certains de ces éléments indiquent une station, tandis que certains autres poussent au choix d'une station différente, sinon contradictoire.

En présence de cette complexité, une seule méthode permet d'aboutir à des résultats pratiques : c'est celle qui consiste à étudier séparément, à classer, à hiérarchiser même, les éléments divers qui doivent faire la base de l'indication.

Ces éléments, en l'espèce, peuvent se grouper en trois catégories principales.

L'une comprend les états morbides fondamentaux qui sont comme la trame sur laquelle se déroule le syndrôme clinique : rhumatisme, syphilis, scrofule, etc. Cette influence du fond, de l'essence pathogénique, ces manifestations de l'état général concomitant, diathésique ou non, sera examinée en première ligne. La seconde source d'indications doit être tirée des actes morbides eux-mêmes, c'est-à-dire de la nature particulière des symptômes prédominants.

Enfin, certaines complications peuvent coexister avec le tabés. Elles ont quelquefois une part sérieuse dans la gravité du mal ou dans la déchéance de l'organisme, et sont alors de nature à modifier la prescription des sources en apparence les plus légitimes. A la recherche de ces modifications se rattache le troisième groupe des indications thermales du tabés.

1° Indications différentielles tirées de l'état général.

Le médecin qui étudie avec attention les résultats obtenus contre le tabés par la balnéothérapie thermale est frappé tout d'abord par une double coïncidence : c'est d'une part, que les ataxiques auxquels les eaux conviennent le mieux, quant à leur ataxie, bénéficient également de la cure pour leur état constitutionnel, et qu'en revanche, d'autre part, ceux dont le traitement balnéaire ne transforme pas avantageusement la diathèse prédominante, ne retirent de la cure aucun avantage, quant à leur affection médullaire.

En d'autres termes, les eaux ne modifient pas la maladie, sans modifier parallèlement l'organisme du malade.

Si spéciale que soit leur action thermale, si essentielle que paraisse l'affection locale à son origine, la cure balnéaire sera impuissante à atteindre directement la lésion, sans le consentement de l'économie, sans son intermédiaire ; et, toutes les fois qu'il existera entre l'action des sources et le tempérament du malade un véritable désaccord, on peut affirmer que, quelle que soit d'autre part la légitimité de l'indication, le résultat poursuivi ne sera pas atteint.

Il faut donc que la cure soit appropriée à la constitution héréditaire ou acquise du tabétique pour obtenir l'amélioration du tabés.

Première donnée clinique qui permet de poser en principe que, dans le traitement balnéaire des affections médullaires, il faut faire dépendre la direction thermale du diagnostic du fond autant et même plus que du diagnostic de la forme, et que les causes générales ou individuelles qui ont présidé à la genèse de l'ataxie ou facilité son développement, sont une source importante d'indications et de contre-indications différentielles des eaux.

*
* *

La nature des causes productrices du tabés a été et reste encore l'objet de discussions et de controverses. Ce n'est pas ici le lieu d'entrer dans ce débat (1) ; mais, quoique la question soit encore en litige, on peut considérer comme actuellement acquise cette proposition ; que les éléments étiologiques qui semblent avoir la plus

---

(1) Voir mon étude : Recherches sur les causes de l'ataxie locomotrice. *Progrès médical* : 29 août et 5 sept. 1885.

grande importance dans la genèse de l'ataxie locomotrice sont l'arthritisme, la syphilis, l'hérédité nerveuse et
les abus fonctionnels.

Examinons-les tour à tour.

En tête des affections constitutionnelles qui peuvent
engendrer ou accompagner le tabès, dit Grasset, je ci-
terai le rhumatisme. Il est parfaitement vrai qu'on trouve
souvent chez les ataxiques un arthritisme héréditaire ou
personnel, qui a préparé le terrain d'abord, et qui, ensuite, sous l'influence d'excès ou de toute autre cause, se
localise sur l'axe spinal et développe dans les cordons
postérieurs les scléroses que, dans des cas différents, on
observe sur d'autres organes.

Voyons comment se comporte vis-à-vis des tabès ainsi
produits chacune des stations thermales qui font l'objet
de cette étude.

Balaruc ne convient pas aux tabétiques rhumatisants.
Nous devons, écrit Bousquet (1), baser une des principales contre-indications de Balaruc sur l'existence de la
diathèse rhumatismale. Si le rhumatisme s'est développé
chez un sujet nerveux, excitable, on n'obtiendra aucune
amélioration des eaux de cette station. Au contraire, par
leur haute température et leur riche minéralisation, ces
sources et leurs similaires détermineront de nouvelles
poussées et réveilleront les douleurs intenses. L'expérience démontre que les médullaires rhumatisants se
trouvent mal d'un séjour à Balaruc ou aux boues de
Saint-Amand.

Néris au contraire, peut revendiquer la cure des tabétiques arthritiques à la condition toutefois que la diathèse n'ait pas produit dans l'économie un état de dégénérescence trop marqué. Quoique aucun des médecins
distingués qui ont écrit sur Néris n'ait différencié à ce
point de vue l'action de ces eaux dans le tabès, il semble que les effets de cette station dans le rhumatisme en

______

(1) Bousquet. Balaruc. Thèse de Montpellier, page 49.

général, et notamment dans le rhumatisme douloureux, permettent de bien augurer de cette influence dans les cas d'ataxie provoquée ou aggravée par le rhumatisme.

Mais c'est surtout pour Lamalou que l'indication est formelle. « Si derrière une maladie du système nerveux, écrit Grasset, vous trouvez l'arthritisme, Lamalou est indiqué » et nous-même (1) : L'expérience m'a appris que l'action thermale de Lamalou se fait sentir d'une manière particulièrement favorable chez les malades dont les antécédents rhumatismaux sont nettement établis. Il suffira de faire remarquer que sur cent sept cas de tabétiques plus ou moins améliorés par la médication thermale, quatre-vingt-un ont pu être classés sous la rubrique étiologique de rhumatisme. Il est certain que chez la plupart des médullaires rhumatisants, l'amélioration par la cure de Lamalou se manifeste avec une apparence de durée, de sûreté qui forcent l'attention.

Il est donc légitime de conclure ainsi :

Dans les cas de tabès chez les arthritiques, les eaux de Lamalou sont particulièrement indiquées. Les eaux de Néris trouvent fréquemment aussi un emploi utile. Les eaux de Balaruc sont contre-indiquées.

*
* *

Si les eaux de Balaruc ne conviennent pas aux ataxiques rhumatisants, elles sont, en revanche, parfaitement appropriées aux médullaires, lymphatiques et scrofuleux. Néris et Lamalou ne sont pas, il est vrai, absolument contre-indiqués chez ces malades, surtout dans les formes désignées par certains sous le nom de scrofule sensible ou éréthique. Mais c'est à l'action altérante et excitante de Balaruc qu'il convient de recourir dans les cas, peu communs à la vérité, où la diathèse strumeuse est associée au tabès.

(1) Indications de la cure de Lamalou, Paris, 1878.

L'existence du lymphatisme ou de la scrofule chez un tabétique indique la cure de Balaruc et des thermes salins, de préférence à celle de Néris, de Lamalou ou de leurs similaires.

* *

On sait l'importance, la prédominance, faudrait-il peut-être dire, de la syphilis dans l'étiologie du tabès. Quelles sont les indications thérapeutiques qui découlent, pour chacune des trois stations et de leurs similaires, de la connaissance de cette origine spéciale ?

Déclarons d'abord que ni Balaruc, ni Lamalou, ni Néris, ne peuvent être assimilés aux thermes tels que ceux d'Aix-la-Chapelle, d'Uriage, de Luchon, par exemple, où triomphe la méthode iatraleptique, et où la pratique habituelle et en quelque sorte classique, réside dans l'association des frictions mercurielles et de l'usage interne et externe des eaux. Il n'entre donc pas dans le programme de ce travail de rechercher jusqu'à quel point les stations hydrominérales augmentent la tolérance des frictions hydrargiriques, ni même d'établir l'utilité, très contestée (1), de cette méthode. Cette association représente plutôt un procédé spécial du traitement mercuriel qu'une cure thermale. Elle sort donc de notre sujet.

Pour rester strictement dans les limites de cette étude, bornons-nous à constater que la coexistence de la syphilis et du tabés n'a donné lieu à aucune indication particulière, en ce qui touche les sources de Néris. Nous n'avons trouvé, ni dans les monographies de cette station, ni dans les nombreux travaux dont elle a été l'objet, ni dans les observations qui s'y rapportent, aucun

(1) Althauss notamment, après une étude minutieuse des effets du procédé iatraleptique à Aix-la-Chapelle, déclare que « son expérience l'oblige à faire les plus grandes réserves au sujet de prétendus résultats ».

renseignement, ni même aucune allusion, relatifs à cette origine spéciale.

Pour Balaruc, il paraît démontré que l'action altérante de ses eaux en boisson, et aussi la stimulation si énergique de ses bains, ont pu souvent être utilisées avec un profit incontestable chez des malades atteints de syphilis des centres nerveux à évolution torpide.

Lamalou semble avoir une valeur adjuvante encore plus grande et qui peut s'appliquer à des cas plus fréquents. Les observations publiées par différents auteurs (Privat, Belugou, Caizergues, Ménard fils) donnent la preuve de l'influence favorable du traitement thermal de cette station chez des malades incontestablement atteints de tabés syphilitique. Dans les circonstances les plus habituelles, la cure hydrominérale a joué le rôle d'un adjuvant du remède spécifique. Une syphilis traitée sans toniques, a écrit Courty, a beaucoup de chances de résister. Dans l'espèce, l'action adjuvante de Lamalou agit, non seulement sur les forces de l'économie, mais encore sur la spécialisation médullaire. » Dans l'ataxie locomotrice, ces thermes s'adressent à la fois à l'état général du malade, et à la lésion organique ». C'est ainsi que s'exprime le Dr Caizergues, qui a préconisé l'emploi de Lamalou dans sa remarquable Etude des myélites syphilitiques. Concluons :

Aucune indication notable ne dérive, pour Néris, de l'origine syphilitique du tabés. Balaruc et surtout Lamalou, ont une action favorable rarement directe, le plus souvent adjuvante du traitement spécifique.

⁎
⁎ ⁎

L'hérédité nerveuse se retrouve chez presque tous les ataxiques. Chez un grand nombre, l'affection médullaire est accompagnée d'un état neurasthénique plus ou moins accentué, qui en exalte les manifestations sensibles et en multiplie les perceptions douloureuses. Il est utile d'étudier l'action respective de Balaruc, de Néris et de Lamalou chez les malades de cette espèce.

Balaruc, sans hésitation, doit leur être interdit.

La contre-indication est formelle. L'éréthisme nerveux, sous quelque forme qu'il se présente, a toujours été aggravé par l'action de ces bains, dont la haute température et la riche minéralisation ne peuvent qu'accentuer la surexcitabilité et la sensibilité des neurasthéniques.

Pour Néris et Lamalou, l'indication est au contraire parfaitement légitime ; mais il faut distinguer.

Si la neurasthénie est très accentuée et prédomine sur les autres éléments symptomatiques, si elle est, en quelque sorte, en état constant d'activité et d'exaltation, alors ordonnez Néris. « Les éréthiques, dit de Ranse, les nerveux à l'excès, les agités, retirent de Néris un calme profond ».

Si, au contraire, le nervosisme est accompagné de dépression, s'il constitue cette association paradoxale d'excitabilité et d'apathie, d'impressionnabilité et de passivité à laquelle les auteurs anglais ont donné le nom de *faiblesse irritable*, alors choisissez Lamalou.

Ainsi se justifie ce nouvel aphorisme :

Les eaux de Balaruc sont absolument contre-indiquées chez les tabétiques à hérédité ou à tempérament névropathique. Les eaux de Néris conviennent particulièrement aux ataxiques érétiques et excitables. Les eaux de Lamalou sont indiquées dans les cas de faiblesse irritable, quand le nervosisme est accompagné de dépression.

Une indication thérapeutique importante résulte de la fréquence, dans la genèse du tabès, de la fatigue, au sens le plus étendu du mot, que cette fatigue soit due à l'ex-

cès du travail physique : suractivité du système moteur ;
ou qu'elle soit causée par la fréquence et la vivacité des
préoccupations morales : suractivité du système intellec-
tuel et affectif ; ou quelle dépende de l'abus des fonctions
génésiques ; suractivité fonctionnelle du système sensitif ;
ou, enfin, qu'elle résulte, comme c'est souvent le cas, de
l'association de ces diverses causes déprimantes.

Vis-à-vis des symptômes ataxiques dans la production
desquels les abus fonctionnels, l'épuisement et le surmenage nerveux, peuvent être invoqués, la supériorité d'action des eaux de Lamalou sur celles de Balaruc et de Néris peut être légitimement affirmée. La reconstitution de
l'organisme est alors la condition sine quà non de la ré-
trocession du mal. A ce titre, les buvettes reconstituantes
de Lamalou s'associent parfaitement aux bains sédatifs
de ses piscines. Ainsi se trouvent réunies, naturellement
et dans les meilleures conditions, deux médications que
l'on essaye de combiner artificiellement dans d'autres
stations fréquentées par les ataxiques, où l'usage est
d'associer, dans le traitement du tabes, à la cure par les
bains, l'emploi des eaux minérales transportées.

D'où, la conclusion suivante :

*Les eaux de Lamalou sont particulièrement indiquées
dans les tabès consécutifs à la fatigue et à l'épuisement,
produits par la suractivité des fonctions de l'organisme, notamment des fonctions génésiques.*

Nous pouvons aussi établir maintenant l'application
des enseignements qui précèdent aux divers tempéraments
des malades, sous cette formule concise :

*A Balaruc, les lymphatiques et les scrofuleux ; à Né-
ris, les névropathes et les agités ; à Lamalou, les ané-
miques et les déprimés.*

2° **Indications différentielles tirées de l'état symptomatique**.

Les troubles symptomatiques du tabès sont nombreux, de forme variée et même contradictoire : douleurs fulgurantes et anesthésies, spasmes et parésies, éréthisme vénérien et débilité génésique, contractures et paralysies motrices...

Des manifestations aussi complexes et aussi opposées doivent, sans aucun doute, apporter les enseignements les plus utiles à l'indication différentielle, à l'opportunité comparative des différentes stations thermales recommandées contre la maladie de Duchenne. Il convient de les analyser.

*
* *

Au premier rang des symptômes tabétiques, se présentent les troubles de la sensibilité, et tout d'abord les douleurs.

Lamalou et Néris agissent utilement vis-à-vis des douleurs fulgurantes.

En ce qui concerne la première de ces stations, tous les observateurs sont unanimes dans leurs constatations. « Lamalou possède une action des plus nettes sur les phénomènes sensitifs. Il calme sûrement les douleurs » (Grasset. Leçons cliniques).— Et le Dr Privat, avec l'autorité de sa longue expérience : « Les crises douloureuses deviennent moins fréquentes et moins intenses ». — Le Dr Cros (de la Douleur) « La sédation des douleurs est généralement obtenue à Lamalou après une ou plusieurs cures ». — « On peut affirmer que les désordres de la sensibilité sont tributaires de la cure de Lamalou » Dr Belugou, loc. cit. Il serait facile de multiplier les citations.

Il en est de même pour Néris. La constatation de leur action utile dans les désordres sensibles a été établie par tous les médecins de la station. « Parmi les désordres si bizarres de l'ataxie locomotrice, écrit Morice, les douleurs fulgurantes et l'éréthisme sont rapidement améliorés à Néris ».—Et de Ranse : « Les cas où dominent les phénomènes douloureux réclament l'action sédative de Néris ».

Ces deux stations sont donc également fondées à réclamer la cure des phénomènes douloureux de l'ataxie. Le choix à effectuer entre l'une et l'autre ne manquera pas quelquefois d'être embarrassant. Le médecin devra tenir compte alors des éléments précédemment formulés. Il faut savoir, à l'occasion, grouper les médications, les subordonner les unes aux autres et les hiérarchiser.

Quant à Balaruc, l'existence des douleurs vives a toujours été considérée comme une contre-indication formelle de ces thermes. Il ne faut jamais, a écrit le Dr Brousse, employer les eaux de Balaruc lorsque les phénomènes douloureux ont pris une grande intensité. Et dans sa monographie, le Dr Bousquet déclare que l'hyperesthésie contre-indique toujours les sources de cette station.

Vis-à-vis des troubles sensibles du tabés, tels que douleurs fulgurantes, hyperesthésies, Balaruc est contre-indiqué. L'expérience a prouvé au contraire l'efficacité des sources de Lamalou et de Néris contre ces mêmes symptômes.

*
* *

Les désordres qui intéressent les fonctions de la vessie et de l'intestin sont des plus fréquents dans le tabés, et ils peuvent se manifester à une époque très rapprochée du début.

La rétention d'urine a plus de chance d'être favorablement modifiée à Balaruc ou à Lamalou qu'à Néris. A Lamalou, la balnéation peut être secondée par l'emploi opportun de certaines buvettes : la Vernière, l'Usclade. A Balaruc, les injections d'eau minérale ont été employées concurremment avec les bains. M. Planche a communiqué les succès qu'il a retirés de ces injections, dans les paralysies vésicales. En regard, signalons que Grasset a noté l'incontinence d'urine comme une contre-indication de Balaruc.

L'influence de ces thermes salins est encore plus manifeste contre la constipation, si fréquente dans le tabés. Dans ce cas, le rôle prépondérant est dévolu à la boisson, suivant le procédé de Fonssagrives. On se rappelle que c'est au chlorure de sodium que l'eau de Balaruc doit ses propriétés purgatives.

La paresse intestinale peut être aussi modifiée à Lamalou ; mais l'action de ces thermes est à cet égard moins sûre et moins précoce. On ne saurait y compter. En revanche, cette station influence avantageusement le symptôme pénible décrit par Fournier sous le nom d'incontinence anale, et l'anesthésie qui l'accompagne.

Concluons :

Balaruc et Lamalou conviennent aux parésies vésicales et intestinales. Contre la constipation, Balaruc doit être placé en première ligne. Lamalou doit être préféré dans les cas de parésie vésicale avec incontinence.

*
* *

Les troubles des fonctions génitales sont presque constants, dès l'origine même du tabés. Ils consistent, comme on sait, dans une dépression plus ou moins marquée des facultés génésiques. Il est généralement admis que la défaillance virile, dans cette affection, est chronologiquement précédée d'une surexcitation de la fonction. Cet éréthisme initial comporte l'indication de Néris. Il en est de même des crises clitoridiennes. Le médecin songera d'abord à Néris, en présence de ce désordre, si bien décrit par Pitres.

Dans le cas plus habituel de débilité génésique ou d'impuissance, l'influence favorable de Lamalou est incontestable. Tous les savants qui ont étudié l'action physiologique de Lamalou ont constaté l'activité circulatoire provoquée par l'emploi balnéaire de ces eaux sur les organes du bassin, et l'excitation génitale qui en résulte. Ce n'est pas tout. A cette influence particulière des bains sur l'appareil sexuel s'associe l'effet stimulant des eaux en boisson. C'est ainsi qu'à Lamalou, la balnéation, déjà si efficace par elle-même contre l'atonie génitale, possède, comme puissants auxiliaires, des buvettes dont l'action reconstituante et remontante s'exerce dans le même sens. Aussi est-ce une des réputations les plus justifiées de ces thermes que ses bons effets sur la débilité ou l'insuffisance vénériennes — il ne saurait s'agir de l'impuissance absolue, — ainsi que sur les pertes séminales qui accompagnent souvent la première période du tabès.

Chez les tabétiques, l'éréthisme vénérien indique Néris, tandis que l'affaiblissement viril ou les pertes séminales indiquent Lamalou.

*
* *

Les troubles tabétiques de la motilité sont les plus rebelles aux modifications du traitement thermal. Ces troubles sont de plusieurs ordres, comme on sait, et affectent les degrés les plus divers.

Il n'est pas rare, au début de l'affection, qu'ils se manifestent seulement sous forme de lourdeur et d'engourdissement, avec épuisement rapide. Cette sorte de parésie musculaire : lassitude, jambes de plomb, antérieure aux désordres de la coordination, est en général heureusement modifiée par les cures thermales de Néris et de Lamalou, mais surtout par celle de Lamalou.

Il en est de même des phénomènes d'ordre paralytique, de l'hémiplégie qui s'associe au tabès dans quelques circonstances exceptionnelles, et que Fournier a cliniquement décrite sous le nom d'ataxo-paraplégie. Mais c'est Balaruc qui a le droit de réclamer dans ce cas l'indication prédominante, surtout, ce qui est d'observation constante, si la maladie a revêtu dès l'abord une forme torpide et à réactions lentes.

Bien plus fréquent, bien plus important, est ce dérèglement spécial et si caractéristique des fonctions motrices, cette incoordination musculaire qui a donné à la maladie son nom le plus répandu : l'ataxie. Vis-à-vis de ce symptôme capital, le choix de Lamalou s'impose. Non qu'il soit permis par cette indication d'escompter la disparition de l'incoordination motrice. Mais ce qu'on peut à bon droit espérer du traitement thermal de Lamalou, c'est d'enrayer le développement progressif de ce trouble majeur, souvent même, ainsi qu'on en trouve des exemples dans les monographies spéciales, les médecins ont eu la bonne fortune de constater que, grâce à des cures successives et régulières, ce maintien relatif de la coordination ne s'est pas démenti pendant une observation longtemps prolongée.

Il est donc permis d'émettre l'affirmation suivante :

Les troubles tabétiques de la motilité sont les plus résistants à l'action thermale. Cependant, l'ataxo-paraplégie est tributaire de Balaruc. A Lamalou doivent être envoyés de préférence les incoordonnés, les ataxiques proprement dits.

3° Indications différentielles tirées des complications concomitantes.

Les complications qui accompagnent si fréquemment l'ataxie peuvent aussi apporter un utile élément d'appréciation dans le choix de la station thermale.

L'importance de cet élément s'accroît naturellement en raison de la gravité de la maladie surajoutée au tabès, et surtout de la part plus ou moins grave qu'elle a pris à la déchéance de l'organisme.

Aussi convient il d'étudier en première ligne les indications différentielles qui peuvent résulter pour le traitement hydrominéral de la coexistence d'une maladie du cœur et de la sclérose médullaire.

⁎⁎

L'association d'une affection cardiaque au tabés est fréquente, à tel point qu'elle a inspiré à certains auteurs l'idée d'un groupe de maladies de cœur secondaires (Pr Grasset).

Il est certain que l'état de la circulation joue un rôle important dans le développement de la plupart des lésions de la moelle, et que certaines altérations des organes qui y président, l'artério-sclérose par exemple, doivent être classées au nombre des provocations pathogéniques qui donnent le plus souvent naissance aux affections des centres nerveux.

Quelle est l'influence spéciale de Balaruc, de Néris ou de Lamalou, et de leurs succédanés, dans les cas de tabés compliqués de troubles cardiaques ?

Il y a peu de temps encore, une semblable question eût constitué une hérésie, la récusation absolue de tout traitement balnéaire dans les maladies du cœur représentant un véritable dogme thérapeutique. Les derniers Congrès d'hydrologie, les savantes discussions de la Société d'hydrologie de Paris, ont singulièrement atténué, pour ne pas dire plus, la rigueur des contre-indications relatives aux troubles circulatoires. On n'a plus le droit, par le seul fait qu'un ataxique est affecté de symptômes cardiaques, et même d'une dégénérescence de tissu, de renoncer, sans plus ample informé, au bénéfice du traitement thermal.

Il convient cependant d'exclure des eaux qu'on peut alors autoriser les sources fortement minéralisées et celles qui possèdent une température très élevée. Leur caractère excitant provoque toujours une tendance congestive fort dangereuse pour les cardiaques. Balaruc donc et les stations similaires sont absolument contre-indiqués. Néris pourra convenir, mais sous la réserve formelle, nettement spécifiée par le Dr Morice, que la chaleur native de l'eau sera atténuée par les bassins réfrigérants. Quant à Lamalou, la température des sources oscillant entre 28° et 35°, suivant les établissements, on peut dire que cette station présente les conditions naturelles les plus favorables aux tabétiques souffrant du cœur et de la circulation.

Qu'il s'agisse des bains refroidis de Néris ou des sources de Lamalou à leur chaleur vraie, l'emploi du traitement thermal, chez les médullaires cardiaques, exige les plus grandes précautions.

C'est ici qu'il faut appliquer le précepte d'Ambroise Paré : Peu à peu faict. Il est bien entendu du reste qu'il ne s'agit pas, en ces circonstances, de traiter une maladie de cœur chez un tabétique, mais un tabés compliqué d'état cardiaque. Le malade aura recours au bénéfice de la cure thermale, non pas *parce que*, mais *quoique* il existe un désordre de la circulation. C'est en ces termes limitatifs que l'indication doit être énoncée. En voici la formule :

Balaruc est absolument contre-indiqué chez les tabétiques cardiaques. Il est légitime, au contraire, de recourir chez ces malades à l'action des bains naturellement tempérés de Lamalou, ou de ceux de Néris, préalablement tempérés dans des bassins réfrigérants.

*
* *

Les troubles trophiques constituent une complication du tabés assez fréquente pour que la généralité des auteurs les ait classés au nombre des symptômes mêmes de cette affection. Cette place ne saurait leur appartenir, puisqu'ils sont presque toujours dus à des lésions nerveuses locales, émancipées de toute dépendance avec l'axe médullaire. Complications ou symptômes, ces désordres sont de plusieurs genres. Tantôt ils se manifestent par la chute des ongles, la chute des dents, par le mal perforant: vis-à-vis de ces troubles trophiques, dont la nature est identique et qui coexistent fréquemment, l'expérience a depuis longtemps démontré l'action favorable de Lamalou. Tantôt ils prennent la forme d'éruptions particulières, le zona principalement ; et alors, ils sont plus particulièrement justiciables de la cure de Néris. D'autres fois enfin, ils consistent dans l'évolution d'une arthropathie tabétique, dont la constatation doit faire songer à Balaruc.

Des symptômes d'atrophie musculaire s'ajoutent souvent aux accidents de l'incoordination motrice. Dans cet état, que Fournier propose d'appeler l'ataxo-atrophie, le traitement thermal de Lamalou sera d'une application judicieuse et presque toujours suivie de succès.

Les indications qui précèdent peuvent être ainsi résumées :

Les troubles trophiques peuvent être modifiés par l'action thermale : le mal perforant et l'atrophie des muscles par Lamalou ; le zona et les éruptions par Néris ; les arthropathies par Balaruc.

*
* *

Le tabés est quelquefois associé à des symptômes cérébraux, passagers ou persistants, qui tantôt lui servent de prélude, tantôt l'accompagnent à des étapes variables de son évolution.

Ces troubles affectent des degrés très dissemblables. Le plus souvent, ils sont simplement d'ordre sensitif.

L'intelligence reste normale, mais le patient, en proie au chagrin, est moralement déprimé. Ayez alors recours à l'action reconstituante de Lamalou.

Conseillez également Lamalou dans le cas de vertiges, associés plus fréquemment qu'on ne croit, à la maladie de Duchenne.

Ce sont là les plus légers parmi les désordres d'origine cérébrale. Les plus graves constituent la pseudo-paralysie générale des tabétiques, et même représentent la véritable péri-encéphalite diffuse, dont le tabés, au dire de certains, ne serait lui-même qu'une émanation ou qu'une forme. En face de cette redoutable évolution, les eaux minérales ne sauraient représenter un moyen d'action bien efficace. Si cependant les circonstances invitaient le médecin à associer la balnéothérapie aux autres procédés du traitement, c'est à Balaruc qu'il devrait recourir de préférence.

Rarement, l'ataxie débute par des ictus congestifs, apoplectiformes, ou aphasiques. Dans d'autres cas, rares aussi, le premier phénomène est une hémiplégie plus ou moins persistante. Le malade se présente alors à la fois comme un médullaire et un cérébral, et c'est à Balaruc ou aux eaux similaires qu'appartient l'indication dominante.

Il convient donc de soigner à Lamalou les tabétiques moralement et intellectuellement déprimés. Il faut réserver pour Balaruc les troubles cérébraux profonds et surtout la paralysie générale, dans les cas exceptionnels où on pourra recourir à la médication thermale.

4° Modifications successives de l'indication différentielle.

Les sources principales d'indications, qui peuvent faciliter le choix de la station thermale convenant le mieux à un cas de tabés déterminé, viennent d'être successivement examinées dans les pages qui précèdent.

Les diathèses, les causes générales qui engendrent cette maladie ou qui l'entretiennent, ont déterminé une première sélection.

Le tempérament morbide, les dispositions créées chez chaque malade par le tabés lui-même, comme le nervosisme ou l'anémie par exemple, ont fait l'objet de nouvelles et importantes distinctions.

L'analyse des symptômes, et enfin, l'étude des principales complications a permis de déterminer encore avec plus de précision le choix opportun.

Mais, qu'il s'agisse d'états généraux, individuels, symptomatiques, associés, les indications afférentes à chaque cas peuvent s'intervertir et se suivre. Le nervosisme exalté peut faire place à l'anémie profonde ; la douleur fulgurante peut cesser alors que l'incoordination commence ; à l'éréthisme vénérien succède l'impuissance, et l'incontinence d'urine au ténesme vésical. Le médecin devra tenir compte de cette nouvelle modalité de l'organisme ou de ce nouvel aspect de la maladie, et modifier son choix suivant que se modifie l'indication thérapeutique.

Ces modifications successives constituent ce que Tillot a parfaitement dénommé le roulement thermal : roulement légitime, à la condition d'être aussi éloigné de l'inconstance sans motif que de l'obstination systématique.

Les formules thérapeutiques précédemment exposées permettent d'adopter ce roulement, qui doit toujours être justifié par une transformation de la maladie, aux sources d'indications nouvellement survenues. Il est inutile de les énumérer une fois encore. Qu'il me soit permis de faire remarquer seulement que ces modifications de cure peuvent s'effectuer à Lamalou même, sans changer de station. La multiplicité des sources de Lamalou, leur diversité a déjà été signalée.

Il y a là comme une gamme hydrologique, comme une série thermo-minérale allant du chaud au tempéré, du stimulant au sédatif. Passer d'un groupe de cette série à un autre groupe, c'est faire du roulement thermal, et, qui mieux est, du roulement thermal sur place.

Ainsi se justifie le dernier aphorisme de ce travail :

Les changements symptomatiques si fréquents dans le tabés peuvent déterminer des changements dans l'indication thermale. Lamalou a cet avantage que ce roulement thermal peut s'effectuer sur place, grâce à la variété des sources et aux différences de leur température.

Clermont (Oise). — Imprimerie Daix frères, 3, place Saint-André.

9 782014 077674